Lee So-am

시인 이소암

나비 기다려 매화 피랴

나비 기다려 매화 피랴

1판 1쇄 펴낸날 2023년 9월 20일

지은이 이소암

펴낸곳 시와시학
펴낸이 송영호
대표 김초혜

주소 서울특별시 동대문구 망우로21길 45 2층 202호
전화 02-744-0110(대표)
　　　010-8683-7799(핸드폰)
전자우편 sihaksa@naver.com(회사)
　　　　 sihaksa1991@naver.com(편집부)

출판등록 2016년 1월 18일
등록번호 제2021-000008호

ISBN 979-11-91848-16-8 (03810)
값 12,000원

* 저자와의 협의에 의해 인지를 생략합니다.
* 잘못된 책은 바꾸어 드립니다.

본 도서는 (재)전라북도문화관광재단 2023년 지역문화예술육성지원사업에 선정,
보조금을 지원받아 제작되었습니다.

이소암 시집
나비 기다려 매화 피랴

■ 시인의 말

이미지image, 시詩 속으로 스며들어

한 폭 수채화가 되길 열망했다.

그러나 멀다, 너무 멀다.

2023년 가을에

차례

007　시인의 말

제1부 소리에도 꽃이 핀다

015　투사鬪士
016　얼레지
017　소리에도 꽃이 핀다
018　배롱나무
019　투병鬪病
020　통점痛點
021　온통 봄날
022　섬島
023　동자승, 달그림자 줍다
024　피서避暑
025　설움 한 채
026　낙엽

제2부 부치지 못한 편지

- 029 까치집
- 030 공동묘지
- 031 새의 말
- 032 귀耳
- 033 타래난초
- 034 선유도 저녁 풍경
- 035 달의 일기
- 036 내일
- 037 부치지 못한 편지
- 038 헛것
- 039 나의 귀耳는 네 창에 걸어두겠다
- 040 어디로

제3부 나를 읽다 말고 그대를 생각하다

043   등
044   장마
045   늦꽃
046   죽녹원에서
048   은파호수 물빛
049   하지夏至
050   나를 읽다 말고 그대를 생각하다
051   고약한 사랑
052   숨고르기
053   빈 지게
054   목련 지는 밤
055   대답 기다리는 사이

제4부 선암매 눈目 속에 피어

- 059 　소문
- 060 　빗방울
- 061 　고군산대교를 지나며
- 062 　무無
- 064 　푸른 약방문
- 065 　오후 세시
- 066 　미처 부르지 못한 노래
- 067 　별빛다리에서
- 069 　일기 예보
- 070 　썰물 시간
- 071 　선암매 눈目 속에 피어
- 073 　1월
- 075 　새해에는
- 077 　초대

- 079 　나의 시론: 기본적 시 쓰기 | 이소암
- 085 　해설 | 정훈

제1부
소리에도 꽃이 핀다

투사 闘士

울음 불러들인 것들은

숲도 강도 가둘 줄 안다

비 오는 오후

전깃줄 위 갈까마귀

온몸 젖은 채

숲과 강을 꺼내어 운다

꽁지깃으로 세상을 치며 운다

얼레지*

도회지都會地 따위

도무지 그립지 않은 여인

햇살, 홀태**에 넣고

힘껏 봄을 훑다

* 외떡잎식물 백합목 백합과의 여러해살이풀.
** 벼를 탈곡할 때 주로 사용하던 옛 한국 농기구.

소리에도 꽃이 핀다
– 이명耳鳴

3월을 걷다

문득, 듣는다

땅밑으로부터 솟고 있는

꽃물 비명소리!

신발 벗어들고 깨금발로 걷는다

귀耳가 출렁거린다,

소리에도 꽃 피는, 봄이다

배롱나무

아버지 생전生前

갖고자 하셨다던 아랫논

아버지 넷째 아들이 사들이곤

한 생生의 절정 배롱나무꽃같이

분홍분홍 웃고 섰다

투병鬪病

밑동 잘린 아까시나무

물결 베고 누워 있다

한 줄 링거에 의지한 채

누더기 같은 희망을 피워낸다

아, 두 손 합장하였으나

선뜻 다가가 말 건넬 수 없는

슬픔 하나

천천히 나를 걷기 시작한다

통점痛點

산벚꽃 흩날리니 봄날 휘청인다

햇빛 쪼아먹던 산꿩의 낮은 울음소리

가던 길 멈춘 탁발승, 빈 바리때 살핀다

온통 봄날

리어카 위 폐지廢紙 집 13층 올라가네

집 없는 흰나비 대문을 두드리네

어르신, 집 한 채 보시布施하시네

쏟아지는 봄 햇살,

앞서거니 뒤서거니 리어카를 끄네

섬島

한 생生과 또 다른 생들이 쏟아부은

발화發話의 퇴적층,

두드린다고 모두 목탁이 되는 건 아니다

섬에 이르면

오직 귀耳로만 봐야 하는 이유다

동자승, 달그림자 줍다
- 동국사* 목련

동국사 뒷마당 죽순竹筍, 무심히 탑을 쌓고

바람 갈 길 가리키던 처마끝 풍경風磬,

열사흘 달 물고 섰다

적요寂寥, 혹독한 가난을 들이는 일이다

달그림자 줍는 동자승 바구니가 허虛하다

* 군산시 동국사길 16.

피서避暑

어디쯤에서 노를 저어야 너에게 닿을까

매미 울음, 파고波高만 천 자尺다

설움 한 채

청상靑孀 할머니 치마폭 끝자락

오래된 달빛 냄새 스미고 스몄어라

버선발 디딜 때마다 박꽃은 피어

가끔 그 안에서 풍경風磬 울었어라

풍경도 귀 있어 제 울음 들었어라

그 울음 자라고 자라 설움 한 채 지었어라

낙엽

마지막 춤,

돌멩이를 낳고

탑을 쌓고

일찰나

모조리 베어 버린 뒤

한 생生을 벼리는,

제2부
부치지 못한 편지

까치집

어느 풍경 허물어 완성한 조각보인가

공동묘지

허무적멸虛無寂滅 꿈꾸다 불시착한 우주선들

엎딘 채, 춘하추동 안거安居만 논의 중이다

새의 말

어느 소식 있었는가

어느 밤에 오셨는가

인적 없는 산길

청매青梅 곁 맴돌며 물을 때

나비 기다려 매화 피랴,

나뭇가지 박차며 날아가는

새의 말

귀耳

늦가을 수수깡 물기 버리듯

여윈 몸 놓은 어머니,

이승과 저승으로 벽壁 세워 놓으셨네

곡비哭婢된 하늘타리 머리 풀어 울어울고

목 빼 기웃대던 댓잎

텅 비어 뼈 드러낸 정화수 그릇 속에

갇혔네, 발자국 소리 모아 듣는

저 섧은 귀

타래난초*

외줄 타는 광대의 홑버선, 바람에 젖는다

천 년 슬픔,

제 살갗 깎으며 허공에 수놓는다

헛바느질 구멍마다 숨죽였던 대금大笒 소리,

굽이굽이 고요를 끌며 길 떠난다

달 뜨지 않는 마을, 거기 누가 있어

* 외떡잎 식물 난초목 난초과의 여러해살이풀.

선유도* 저녁 풍경

이름 모를 배 한 척

저녁노을 가득 지고 멈춰 서서

해당화인 양 흔들린다

천만번 속울음 삼키지 않고

꽃 될 리 있나

뒷짐진 망주봉** 큰기침 소리,

놀란 배는 노을을 엎지르고

파도는 납작 엎디어 백사장을 붙들고

* 군산시 옥도면 선유남길 34-22.
** 군산시 옥도면 선유도에 있는 152m의 절벽 바위산.

달의 일기

그날은 하필 동짓날 밤
골목집 사립문 밖
조등弔燈 내걸리고
통한痛恨 서린 울음소리 들렸어라
바지랑대 끝 얼어붙은 빨래처럼
공중에 붙박여 꼼짝없이 들었어라
스밀 수 있다면
호수 밑 가라앉은 옛 마을
함박눈으로 스미고 싶었어라
물속의 집,
맨발로 마중나온 불빛 있다면
바람에 흔들리는 까치집일지라도, 뒤따라가
딱 하룻밤 몸 누이며 머물고 싶었어라
꽝꽝 춥고 단단히 길었던 그 밤,

내일

모래톱은 바다 말씀 기록한 경전經典,
생生은 완전한 직선 없다고
어떤 경계선에도 몸 떨지 말라고
갈매기, 행과 행 사이
밑줄 꾹꾹 밀어넣으며
경전을 읽는다
어디서 떠밀려온 걸까
암초에 걸린 나비고기* 같은 사람
가슴지느러미 파닥이며 듣는다,
칡꽃 빛 노을이 추임새 넣는
내일, 받아쓰며

* 농어목 나비고깃과의 바닷물고기. 버터플라이피시라고도 함.

부치지 못한 편지

떠나와 생각한다
그래도 꽃은 피고 졌으며
소나기는 무심코 다녀갔다
한때 이름을 거느렸던 꽃들은
상처도 아름답다, 단꿈을 매달 것이다
그러나 갈 데까지 가 본 사람은 안다,
저녁놀은 홀로 붉을 것이고
지금 외로운 사람은
누군가를 다시 외롭게 할 것이다
그대 나를 소인消印하라,
산꿩이 흘리고 간 울음소리
들판이 지우듯, 부디

헛것
– 찔레에게

오래전,
당신에게 이별을 고했네
당신을 깡그리 잊었다거나
혹은 그립다거나 따위
이미 죽은 문장文章, 옮기지 않기로 하네
당신을 기억하는 건 오직 낡은 신발뿐
당신 집 창문 앞, 걸음을 멈추네
당신 창문을 초록이 흔드네, 오월이었네
오동나무꽃은 서러운 듯 눈물 떨궜으나
나를 온전히 적시지 못했으므로 헛것이었네
헛것은 흐를 수 없다,
먼 산 꿩 울음이 혈관을 파고들었네
그 소리 온통 나를 휘돌았지만
결코 나는 그 무엇도 될 수 없었네
피어라, 찔레야, 너라도 피어라

나의 귀耳는 네 창에 걸어두겠다

매화 향기,
매화 울음임을 이제 안다
머리 풀어헤치고
가슴 두드리며
저리 목놓아 우는 것은
벼랑 끝에서 발각된
검은 옷 한 벌의 생生, 제 그림자 때문이다
너끈히 제 알맹이었던 생, 서럽기도 하겠다
실컷 울어라, 한 계절 내내 울음 운다 해도
나의 귀는, 오직 네 창에 걸어두고 볼 일이다

어디로*

다 잊었노라
무심히 길을 나서면
너는 다시 피어나네
꽃으로 피어나네
너를 바라보는 동안
서러움이 일렁이네
나는 달리네
너의 손잡고 거닐던
강둑을 달리네
노을은 붉게 피어오르고
그리움도 붉게 피어나는데
세월은 우리를 두고
어디로 가나
어디로

* 가곡 노랫말.

제3부
나를 읽다 말고 그대를 생각하다

등

오랫동안
그대의 등을 바라보고 섰다
숨은 혈관 찾던
주사바늘 주위처럼 늘 멍빛이다
밀물지는 저녁을 덧댄 창문 위로
느리고 흐린 시간들이 쌓여갔다
바람 일어,
적막이라는 배 한 척 천천히 밀면
그제서야 제대로 보이는,
나는 오래된 멍빛 섬島으로
그대가 그토록 오래 바라보았던
등이었던 것이다

장마

도마뱀 꼬리처럼 버려진
고향집, 홀로 오체투지 중이다
바람은 마당 가득 주소 옮긴
개망초 이마 하나하나 짚으며
대문을 빠져나가고
눈발 털며 동치미 꺼내던
시려서 붉은, 붉어서 시린 엄니 손도
노을된 지 오래,
매급시 서러운 뒷마당 감나무, 훌쩍훌쩍
장독대 항아리 젖은 어깨를 닦는다

늦꽃

등 굽은 할머니
등 더 굽은 할머니 팔짱을 끼고
저승길보다 멀 것 같은 횡단보도
함께 건넌다
오늘만큼은 꽃이 되고 싶었을까
횡단보도 한가운데
연리지처럼 엉켜 피어 있다
시허연 꽃으로 피어 흔들린다
지상에 뿌리를 내린 꽃만이 꽃이랴
형형색색 꽃 핀다고 그 꽃만 꽃이랴
경적을 버린,
정지선 밖 신호 대기 운전자들
횡단보도에 핀 늦꽃 기록하느라
오래 멈춰 있다

죽녹원*에서

죽녹원 대숲에는
허공에 지은 절㪔 있다
천 리 밖 나그네 찾아와
대나무에 귀 대고
푸른 목탁을 두드리면
바람은
늦은 공양 준비하려
칸칸이 물길을 낸다
대숲 가득 밀려드는 물소리
파도보다 높고 크고 넓다
녹슨 울음이여,
질펀히 앉아 꺼내어 울면
대숲 물길은 바다가 되어 줄까
멀어, 너무 먼 그대에게 이르도록
배 한 척 내어 줄까
댓잎, 눈처럼 내리쌓여 길을 막는다
그 틈 비집으며
솟구치는 새 한 마리,
허공에 지은 절 허물며 허물며 간다

저편 노을까지 지우며 지우며 간다

* 전남 담양군 담양읍 죽녹원로 119.

은파호수* 물빛

- 집에 가자
아크릴가림막 요양원 면회소
눅눅한 대화 뒤로하고
걸음 멈춰 바라보던 면회소
불 꺼진 지 오래네

엄니 오시네,
은파호수 물빛으로 오시네
부엌문 비틀어 열고
늦은 저녁 차리시나
호수에 체 담가 달 건져 올리시네
물소리 아득히 깊어가네
엄니 방, 혼잣말 텔레비전 아직도 켜 있을까
고향 쪽으로 고개 돌릴 때, 어느새
은파호수 물빛 나를 따라나서네

---

* 군산시 나운동 1223-4. 국내 100대 관광지로 선정된 호수.

하지夏至

대저 무슨 까닭이랴

사랑은 삼베옷 입고 겨울나기,

울어울어 눈 붉은 검은등뻐꾸기

천 번을 거듭 울어도

연꽃, 못 들은 척

얼굴만 붉혀

나를 읽다 말고 그대를 생각하다

풀잎에게도 뼈가 있다
더듬으면 사라지고
돌아서면 돋아나는 뼈
그대도 모르고
천둥도 먹구름도 모르는 뼈
밤이면 이슬 털고 일어나
천장 없는 집을 짓고
별들 불러 잔치 벌이는 뼈
대문도 유리창도 없어
귀머거리 개는 더욱 짖지 않는 집
결단코 그곳에 머물러도 좋았으나
아침이면 서슴없이 풀잎에 스미는 뼈
그 뼈들을 사랑했네
풀잎을 풀잎이게 했던 뼈들을 사랑했네
그대는 무엇을 사랑했을까,
이제 묻지 않기로 하네
그대 전화번호는 공터에 두기로 하네

고약한 사랑
– 화엄사 홍매

붉은 무덤 피었다

나를 사랑한 죄로

너를 보내고 돌아온 그 길이다

두 무릎 꿇는다

술은 따르지 않겠다, 차라리

각황전* 부처님 앞에 엎디어

나를 울겠다,

나조차 잊는다면, 너를 잊는 것도 순간이겠다

---

* 전남 구례군 화엄사에 있는 불전.

숨고르기

봄은 칭기즈칸 말발굽 소리로 온다
겨우내 빈 소주병처럼 아무렇게나 울던
전깃줄, 울음을 그쳤다
재개발 아파트 벚나무도
서둘러 신열을 앓는다,
온몸에 부항附缸을 피운다
가득 고인 고름 같은 시절,
퇴로가 없다면 전진뿐임을 왜 모르랴
빈 의자에 패잔병처럼 몸을 구겨넣고
앓는다, 내 몸에도
저 부항 한 번 피워 보고 싶은 것이다

빈 지게

논둑길 해찰하던 나비
발채 속 싸리꽃 서둘러 따라오듯
어느 들판 헤매다 돌아온 사철가*인가
헛간에 등 기댄 미라mirra, 노래 부른다
바지랑대 비켜선 달
귀 세운 채 헛간을 기웃대고
뒷마당 대숲 건너와
앞마당 쓰는 소리 차가운데
삭은 적삼 걸치고, 홍얼홍얼
아버지는 왜 지게 두고
홀로 봉의산에 드셨을까

* 판소리 단가의 하나.

목련 지는 밤

이제,
다정한 입맞춤은 구름과 하늘의 일
인사말 없이 악수 나누는 것
그것 또한 강물의 일이다
영원永遠을 말할 수 있는 자
나비 웃음소릴 들은 자만 가능한 것
목련 지는 밤이다
신청곡을 받아 주겠다, 불러 주겠다
아내 주검 앞 노래 불렀던
장자,* 빙의憑依된 듯
그 흉내내도 용서될 밤이다

* 중국 송나라 사상가.

대답 기다리는 사이

자벌레 자세로 비에 갇혔다가

비의 껍질 뚫고 나와 찔레 얼굴 만지다, 묻는다

비 온다고 향기 감춘 너를 꽃이라 불러야 하나

천둥 내린다고 너를 두고 달아난 사랑도 사랑이라 해야 하나

대답 기다리는 사이

봄, 찔레 손목 잡고 마악 횡단보도를 건너고 있다

제4부
선암매 눈目 속에 피어

소문

어떤 잘못도
추궁하면 안 된다고
남바람꽃* 피었다
가끔 자신을 가두고
들여다볼 줄 아는 자만이
무현금無絃琴 연주 들을 수 있다고
남바람꽃 흔들렸다
사람들은
하나둘 신발 벗고
남바람꽃 귓속으로 들어갔다
지리산 빛 푸르러지느라 고요한 오후였다
머지않아 집 나간 꽃들도 돌아올 거라는
소문 하나, 마악 펜스를 넘고 있었다

* 미나리아재비목 미나리아재비과의 여러해살이 풀꽃. 전남 구례군 문척면 금정리 367-9에 서식지가 있음.

빗방울

봄비 세차게 내려
장미 잎새 사이로 떨어진
벚꽃 잎 하나
파르르르 떨고 있다
행여 놓칠세라
장미 잎새도 떨고 있다
애써 살아도 날마다 낯선 세상
나는 무엇에 기대어 떨었을까
기댈 그 무엇이나 있었을까
잠시 생각하는 사이
우산 속으로 뛰어드는 빗방울
모신다, 얼른 손바닥 내밀어

고군산대교*를 지나며

하늘과 바다가 합일하는 곳
하루치 밥을 위해
새벽별 보며 출근하는 노동자도
다음날 먹잇감이 필요한 거미도
더는 하늘을 바라보지 않아도 되는 곳
더는 집을 짓지 않아도 되는 곳
해무海霧가 돛 펴는 날이면
견우와 직녀, 바다 물결 짜던 손놓고
몽돌의 목소리로
지상과 천상의 하모니를 들려주는 곳
이곳을 지나는 이
누구나 시인이 될 수 있으나
이곳 지날 무렵이면
이미 신선神仙이 되고 마는 곳
하지만 천만년 빈몸으로 살지라도
눈 푸른 바다 깊은 곳에
씨앗 같은 이름 하나 일러두고 가시라,
그 이름 자라서 서해 노을되려니
고군산도 온통 꽃노을 이루려니

* 군산시 옥도면 고군산도에 있는 길이 400m, 돛 모양의 다리.

무無

부표浮漂 위

입적入寂한 스님처럼

꿈쩍없는 새,

내생來生 있다면

아무도 모르는

아무도 알고 싶지 않은

바람으로나 올까

부질없다 부질없다

호수 벤치로 몰려드는 물결,

이름 모를 새와의 간극間隙을 지운다

그대까지 지운다

푸른 약방문
– 다시 봄

주소 지워진 마을,
모두 떠밀려갔으므로
누구든 쉽게 돌아올 수 없는 곳
하제 팽나무* 홀로 남아
사라져가는 기억을 잇대다가
제 몸 안에 하제 포구 들여놓았다
팽나무에 가만히 귀기울이면
박제된 갈매기 울음소리 일어선다
켜켜이 쌓여 있던 어부들 발자국
일제히 흐르는 소리 들린다
어디쯤 닻을 내린 걸까
그래도 고향이라고
그리움 번져 온몸 가려운 노인 몇
풀씨처럼 날아오면
맨발로 일어나
반가이 팔 휘젓는 팽나무,
그 어떤 문진도 없이
푸르디푸른 약방문부터 내민다

* 군산시 옥서면 선연리 1238-9. 옛 하제 마을에 있는 나무로, 수령 약 600여년. 전라북도 기념물(제148호).

오후 세시

노파의 좌판 위
달래, 깊은 숨 내쉬고 있다
힘든 한때를 견딘 것들은
서러운 눈빛들을 지녔다
몸 뒤척일 때마다
목울대 통과하려는 울음의 실핏줄
길을 찾는다, 이내 잃는다
길 잃은 것들은
구석으로 내몰리면 외눈이 되는가
외눈 달래가, 더는
가깝거나 먼 곳 가늠할 수 없다고
깊이깊이 길을 낸다
십 리, 당신 있는 마을까지

미처 부르지 못한 노래

우체통 사라진 섬,
해무海霧에 젖은 채 까치발로 서 있다
기억은 완고頑固한 것
지워진 길들 앞세우며 온다
애타지 마라,
마파람 불고불어 달빛 더욱 희어지고
산벚꽃 전단처럼 내리는 날 오면
기다리는 이 찾아오리니
억만 년 거듭 달려오는 파도
백사장에 몸 부리듯
그 또한 먼 길 걸어걸어 오리니
살아 있으라, 끝끝내 살아서
미처 부르지 못한 노래
함께 부르라, 비응도*

* 전북 군산시 비응도동에 있던 섬(1990년대 군장국가산업단지 조성 사업으로 석산 개발 및 매립을 통해 본래 섬 원형의 70%가 사라짐).

별빛다리*에서

몇 차례 기상 오보가 있었다
테두리를 잃은 계절은 느슨해져
아무때나 꽃들을 들이고
아무때나 나비와 새들을 풀어놓았다
우리도 그런 계절이었을까
네 손을 놓았던 별빛다리에 서면
너는 온다
아무때나 온다
천천히 때로 빠르게, 가끔은
엉겅퀴빛 노을도 데리고 온다
그러나 틈은 틈을 부른다
공연히 허공에 몸 던지는 물고기,
놀란 호수는 비명을 지르고
너와 나는 정지된다
분명한 경계를 긋듯
물새 한 마리 솟구치며
저만치 울음을 놓고 간다
너는 거기 있다
너는 멀지만

아무때나 가까이 올 것을 알기에
태양은 저리도 높이 떠 태연한 것이다

* 군산시 은파순환길 9. 은파호수공원 내에 있는 다리.

일기 예보

나비 한 마리
세 바위* 전설 궁금하여
바위를 두드린다
두드릴 때마다 열린다면
그건 문이 아니다
통로라는 것,
나비만 모른다
바위 틈새에
발 뻗은 조팝꽃
나비가 안쓰러운지
후다닥 피어버렸다
더더귀더더귀 새어나오는 전설,
두 손 합창한 채 듣는
나비 귀는 충분히 슬프다
내일 비 오겠다

* 군산시 은파순환길 9에 있는 전설 속 바위.

썰물 시간

탁류*는 여전히 무르뫼**를 흐른다
어디가 푸른 바다일까
푸른 바다가 있긴 할까
체머리 흔들며 혼잣말하는 할머니
고개를 오른다
녹물 든 어항 같은 집,
퇴화된 지느러미로 오른다
출렁이는 세상 두려워
어항 속에서도 가끔 길을 잃지만
막막함을 애써 비질하지 않는다
썰물 시간,
오늘은 어느 모퉁이에서 길을 잃었나
끊어질 듯 이어지는 노랫소리 들린다
이웃들은 사라진 지 오래,
속울음 열 뼘 깊은 장독대 항아리만
엎딘 채 숨죽여 듣는다
아랫마을 탁류는 여전히 어슬렁거리고
어둠 곁 흘러든 별빛 유난히 희다

* 채만식 소설 『탁류』 차용.
** 군산의 우리말 이름.

선암매* 눈目 속에 피어

두드려 열릴 것 같았으면
긴 밤이 어찌 필요했겠습니까
아직은 미명未明,
새벽바람 가르며 당신께 갑니다
당신은 저를
문밖에 오래 세워두진 않겠지요
휘어져 엉키고 부러진 바람 소리
푸른 말발굽 소리로 밀려드는 날,
그날을 알고 계시는 까닭이겠지요
그날이 오면, 당신은
도포道袍 차림으로 정좌한 채
문이란 문 죄다 열라, 이르실 테지요
천둥과 벼락을 건너온 이들에게
징하게, 아주 징하게
한 번 피어 보라 하실 테지요
허락하신다면야 당신 눈 속에 피어
선암사 풍경소리로, 딱 한 번 울어 보고 싶습니다만
어찌 당신의 눈은
그리 어둡고, 층층이 깊은 곳에서만

길을 내신답니까

* 전남 순천시 승주읍 선암사길 450. 선암사 내에 있는 약 650여 년 된 매화.

1월*

굳게 닫힌 너의 창문
가볍게 두드리는 함박눈으로 가마
너보다 먼저,
낡은 침실 먼지 하나 이를 눈치채고
가만히 일어나 창문을 열어 준다면
너에게 소리 없이 다가가겠어
차디찬 손 내밀어
끓어오르는 네 이마를 짚어 주겠어
너에게 스미고 스며
은파호수 윤슬이 되겠어
열기熱氣 사라진 너는 흘러도 좋아
찰랑거리며 춤을 추어도 좋아
까마득히 나를 잊은 채
달포쯤 놀다 온, 선유도 바람이어도 좋겠어
네가 한 그루 나무가 된다면 더 좋겠어
어둡고 눅눅한 땅속 헤매더라도
기꺼이, 난 너의 뿌리가 되어 주겠어
네가 만약 가지를 뻗어
새가 노래할 가슴을 내어 준다면

이파리를 피워 작은 애벌레의 길이 되어 준다면
꽃을 열어 벌과 나비를 살찌게 한다면
가난한 노인의 혀를 적시는 달콤한 과일이 되어 준다면
참 좋겠어,
식물의 씨가 과육의 몸을 통과하지 않고 안전히 박히듯
너에게 가지 않고
너를 기다리지 않고도
우린 안전하게 하나될 수 있을 테니
자, 이제 내 손을 잡아 봐!

* 2020년 《새군산신문》 신년시.

새해에는*

세상사 요란하다,
귀 씻으러 나온 나뭇잎들
우물가에 줄 서 있다
어디 귀뿐이랴
직립을 위해선
여러 개의 눈을 가져야 하리
숲으로 가자
자작나무 숲으로 가자
계절을 읽지 못해
언 땅 위에 밑줄 그은
민들레, 손잡고 가자
지은 죄 없이
얼음장 밑으로 숨죽여 흐르는
개울물도 데리고 가자
그곳에서 맘껏 숨쉬게 하자
노래 부르게 하자, 그러나
등 굽은 것들에겐 지지대가 필요한 법,
그 숲에 등 기대게 하자
먹구름 걷어내려 펜촉 벼리는 자작나무로부터

차디찬, 흰, 수혈輸血을 받게 하자
너도나도 새로운 귀와 눈으로
바람의 지문指紋이 켜는 노래를 새기자
이왕이면 한라에서 백두까지
산천초목 일어나 함께 춤추게 할
직립보행 자작나무가 되자
예비해 두자, 먼 길 가려면
지하까지 텅텅 울릴 새 신발 한 켤레

* 2022년 《새군산신문》 신년시.

초대

세상이 헛헛하여
헛기침 잦아지거든
오세요,
앞마당 멍석 널찍이 펼쳐놓고
별들 불러모아 수제비 먹던
옛 저녁 같은 산
청암산*으로 오세요
민저고리 배래 같은 미소로,
꽃 피는 봄날이면
새들의 노랫소리 풀어놓고
여름이면 매미 소리 엮어
해먹 띄워 놓고요
11월 깊어지면
산길 쉬이 어두워져
단풍나무 붉은 등 달아놓지요
하지만 그대여,
이왕이면 눈 내리는 날 오세요
손잡고 싶은 이와
함께 오세요

허리 낮춘 대숲이 마중나와
어깨에 쌓인 눈 털어주면요
사박사박 눈길 걸으며
산꿩이 흘리고 간 웃음소리 줍고요
꽁꽁 언 입술로 불어주는
바람의 대금 가락에
목 꺾인 억새 이야기도 얹어 듣고요
저수지 건반을 연주하는
눈의 흰 손가락을
오래 바라봐도 좋지요
청암산에 다녀가세요,
세상이 쓸쓸해지거나
멀어진 옛날이 자꾸 그립거든
서산 노을처럼 슬쩍 다녀가세요
누구보다 먼저 오시어
또 다른 그대 생生의 봄,
얼른 꺾어가세요

* 군산시 옥산면 금성리에 있는 산. 해발 117m의 구릉성 산지.

■ 나의 시론

기본적 시 쓰기

이소암

　국내외 도서 중 시론서는 다양하다. 이 많은 시론서는 예비작가나 현 작가들에게 얼마나 많은 영향을 미쳤을까. 물론 그 효과를 임의대로 측정하거나 부정할 수는 없다. 하지만 그 많은 이론서가 제시하는 시의 형식과 기교적 측면에서의 표현 방법은 정작 한 편의 자기 시를 쓰는 데는 그다지 많은 영향을 입히지 않았을 거라 본다. 왜냐하면 문학 작품은 보다 새롭게, 창의적이라는 물결을 타고 흘러야 하는 운명을 지녔기 때문이다. 그렇다 해서 기존의 시론들을 모두 부정해야 한다는 말은 아니다. '알아 두고 잊어 버리기'를 반복해야 한다. 이것은 직업적으로 특수한 경우를 제외한 사람들이 기본적인 셈법 외에, 그보다

상대적으로 어려운 미적분이 절대적으로 필요한 것이 아닌 것과 같다. 하지만 누구든, 무엇이든, 어떤 일이든 그 기본을 전제로 시작할 수밖에 없다. 시 쓰기도 예외는 아니다. 아무리 많은 이론을 섭렵했다 하더라도, 또 멋진 시적 기교를 사용한다 해도, 그 기본이 무너지면 시적 가치는 현저히 낮아진다. 더 심하게 말하자면 독자들로부터 무시당하기 십상이다. 따라서 본고에서는 그 '기본적 시 쓰기'를 제시해 보고자 한다.

먼저, 작가는 언어의 밭에서 언어를 캐내는 사람이다. 하지만 황금 같은 언어만을 캐내려고 애쓰지 말아야 한다. 쉽게 지치게 된다. 거친 돌이라 할지라도 쓸데가 있는 법이다. 하지만 제련소 같은 국어사전을 곁에 두지 않는다면 비록 황금을 얻었다 해도 쓸모없는 모래와 다를 바 없다. 작가는 언어를 취하고, 녹이고, 다듬어야 할 언어의 대장장이이며 빚어내야 할 도예가인 까닭이다.

두 번째로 시는 압축이 생명이다. 운율을 위한 것이 아니라면 반복되는 시어나 행은 과감히 쳐내야 한다. 긴장감이 없는 시는 만개한 목화송이 씹는 것과 같다. 한 편의 시가 나무라면, 그 나무를 반듯하게 제대로 키워내려면, 작가는 정원사가 되어야 한다. 잘

벼린 가위로 미련 없이 곁가지를 잘라내야 한다. 한 예로써, 없어도 되는 '조사'가 있는지 살펴보라, 삭제하라. 쓸데없는 조사는 나무의 곁가지인 셈이다. 제대로 된 나무 그늘을 생산해 내지 못하는 열성 유전자일 뿐이다.

세 번째로는 미사여구로 독자를 유혹하지 말아야 한다. 그건 싸구려 향수와 같다. 잠깐 스치고 지나가는 경우엔 그 향수 냄새가 그럴듯하게 느껴질 수 있으나, 곁에 오래 두면 역겹다. 멀미가 날 수 있다. 이것은 다름 아닌 '형용사'와 '부사'이다. 최대한 자제하라. 그 대신 '동사'를 모셔 와라. 죽어가는 글의 맥박이 다시 뛸 것이다.

네 번째로는 감정의 절제이다. 작가가 먼저 기뻐하거나 슬퍼하거나 화남을 표현하면 삼류이다. 작가는 냉혈한처럼 글에 표정이 없어야 한다. 정제수 같아야 한다. 그러나 독자 스스로 기쁨이 넘치게, 슬프게, 분노하게 만드는 기술이 필요하다. 완곡한 언어의 칼날로 정곡을 찔러야 한다. 그래야 감동의 폭, 울림의 폭이 크다.

다섯 번째로는 언어로 그림 그리기이다. 선명한 이미지를 제시하라는 것이다. 시어의 선택과 시행의 배치만으로도 가능하다. 묘사를 통한 이 방법은 어려운 시일지라도 선명한 이미지를 제시하여 시의 이해를 돕기 때문에 성공한 시라 할 수 있겠다.

여섯 번째로는 연의 균형이다. 한 연은 각각 다른 곡식들로 채워져 있는 곳간이다. 비록 다른 곳간일지라도 이것들은 농부의 양식이 되는 영양 보급소와 같다. 이 말은 각각의 곳간이 서로 밀접한 관련이 있다는 의미다. 이것의 균형이, 멋진 시 한 편을 이루느냐 마느냐이다. 한 행의 연이 몇 줄로 이루어진 다른 한 연과 맞먹는 힘을 가질 수 있다. 이것이 바로 연의 균형이다. 아무데서나 연을 함부로 나누면 안 되는 이유다.

일곱 번째로는 제목 붙이기이다. 제목은 내용과 한 몸이다. 주제는 내용의 뼈이다. 가능하면 제목과 내용과 주제가 일치되게 써라. 그러면 쉽게 이해되는 시라는 평가를 받을 수 있을 것이다. 그러나 더 가능하다면 제목과 내용과 주제의 공통되는 그 '무엇'을 연상하여 제목으로 내세워라. 시의 신선함이 도출될 것이다.

여덟 번째로는 관찰력과 상상력 기르기이다. 이것은 작품에 대한 길을 제시하기도 하고 독자를 이끌고 새로운 세상으로 안내하기도 하며 흥미로운 세상에 독자를 버려 두어, 독자 스스로 그 길에서 머물며 독자적인 행보를 할 수 있게 한다. 새로운 길을 역설적으로 제시할 때 독자는 무릎을 치게 될 것이다.

아홉 번째로는 퇴고이다. 헤밍웨이는 『노인과 바다』를 200번 이상 퇴고했다고 한다. 우리는 헤밍웨이가 아니다. 그렇다면 한 작품당 몇 번을 퇴고해야 적당할까. 생각해 볼 일이다.

이상으로 기본적 시 쓰기, 즉 언어의 대장장이 혹은 도예가로서의 자세, 조사까지도 압축 범위에 두기, 미사여구 사용 자제할 것, 감정 절제할 것, 언어로 그림 그리기, 균형감 있는 연 나누기, 알맞은 제목 붙이기, 관찰력과 상상력 기르기, 퇴고의 중요성을 제시해 보았다.

프랑스 언어학자 뷔퐁은 '글은 곧 그 사람이다'라고 했다. 작가의 작품 속에는 작가의 인생관, 가치관, 역사, 철학, 인성과 품격 등이 깃들어 있다. 이것은 많은 것을 시사한다.

작가가 한 편의 시를 완성한다는 것은 우물에서 한 두레박의 물을 길어올리는 것과 같다고 본다. 작가라는 우물이 있어야 하고 다량의 독서라는 결과물로서의 우물물이 존재해야 하고 사유라는 두레박 끈이 있어야 하고 글쓰기라는 퍼올림, 두레박 자체가 있어야 한다. 두레박의 한 모금 물일지라도 누군가에게 희망이 되고 생명수가 되고 위로가 되는 글을 창조해 내야 하는 사람이 작가이다.

　작가라 함은 늘 겸손한 자세로 갈고 닦는 자의 다른 이름이다. 너도나도 시인이라는 시대에 살고 있다. 나의 시는 과연 기본을 갖추고 있는가, 반추해 볼 일이다.

■ 해설

흰 허공을 가르며 사라지는 꽃의 춤
– 이소암 시에 관한 고찰

정훈(문학평론가)

얼음장 위 소복이 내려앉은 눈길을 맨발로 걷는 이를 본다. 어디서부터 떠나왔는지, 그리고 어디로 가는 중인지 알 수 없을 걸음걸이로 길을 긋는다. 먼 산으로 하염없이 멀어지는, 등에 서린 푸른 그늘 같은 실루엣만이 움푹 팬 세계를 짊어졌다는 사실을 유추할 수 있을 뿐이다. 슬픔이 차올라 더이상 머금을 수만은 없을 지경에 이르러서야 흘러내리기 시작하는 곡선의 행색, 저 비애의 풍경 하나 먼 산들 사이로 소멸해 간다. 그가 이끌고 가는 것은 놀빛 스민 존재의 눈물이요, 그를 모시면서 끌어들이는 것은 생명의 탄생과 죽음을 가능하게 했던 비밀의 뜰이다. 그 신비의 정원으로 한 사람이 들어가고 있다. 천천히, 하지만 소리소문없이 나타났다 사라지는 빛처럼 재빨리 점멸하듯 오묘한 문으로 기꺼이 스며들어 간다. 이 풍경이 만들어내는 이미지에는 끝내 풀지 못할 숙제를 앞에 두고 화두처럼 바람처럼 생겨났다 달아나는 존재의 손이 기록하는 세계가 있다. 그것은, 오랫동안 품었다가 마침내 게워내는 언어의 아라베스크 arabesque다. 둥글게 휘돌아나가면서 멈칫 섰다가 사선으로 가로지르는 말의 무늬. 여기에는 한마디로 정의내릴 수 없는 복잡다단한 삶의 내력과 역사가 응축되어 있어서 섣부른 진단을 주저하게 하는 기운이 있다. 이소암의 시를 나타내기 위함이다. 시인은 결코 세계의 단면만을 보지 않는다. 단면을 보되 그 바탕 사이사이에 나 있는 금들과, 금들이 지나가면서 뒷면에서 발원하는 이면의 세계와 만나면서 만들어내는 역설과 아이러니를 스케치한다. 그곳에는 은유가 찬란하게 빛을 내고, 직유가 곡진하게 손을 내밀며, 상징이 춤사위를 벌이며 유혹한다. 한마디로 고아미高雅美의 절정을 그려내는 시인의 시편들에서 마치 세한도 속으로 빨려들어온 듯 서늘한 기운마저 자아낸다. 이러한 시 쓰기란 결국 무엇을 지향하는가. 시인은 그 누구도 범접하지 못할 언어의 울타리를 만든다. 울타리를 조심스레 매만지면, 귓등을 어루만지고

뒷덜미를 쓰다듬으며 소름 돋은 살갗 가만히 쓸어내는 말의 숨결을 느낄 수 있다. 말의 숨결, 이 호흡이 직조하는 세계에 들어서면 어느새 시어 하나하나마다 팽팽한 긴장의 꽁무니에 가까스로 끼인 듯 숨이 턱까지 차오르는 것이다.

    밑동 잘린 아까시나무

    물결 베고 누워 있다

    한 줄 링거에 의지한 채

    누더기 같은 희망을 피워낸다

    아, 두 손 합장하였으나

    선뜻 다가가 말 건넬 수 없는

    슬픔 하나

    천천히 나를 걷기 시작한다

                         -「투병鬪病」전문

이 짧은 시에서 표현된 한마디 한마디마다 꽉 들어찬, 터질 듯 팽팽한 세계의 긴장은 언표된 말을 타고 넘어와 독자들을 덮칠 것만 같다. 이는 링거에 의지한 밑동 잘린 아까시나무를 단지 상처 입은 식물로만 바라보지 않는 시인의 마음이 작용했기에 가능하다. "선뜻 다가가 말 건넬 수 없는// 슬픔 하나"를 시인은 응시한다. 슬픔이 덩그러니 붙박여 있다. 슬픔이 시인을 붙잡아 두었다. 슬픔이 오갈 데 없는 곳에서 인공양분을 흡수하고 있다. 그런 슬픔이 마침내 시인을 "걷기 시작한다." 사실 슬픔이 시인을 걸었다기보다는, 시인이 목도한 도저한 슬픔의 세계 뒤편으로 뒷걸음치고 싶었을 것이다. 끝내 뒷걸음칠 수밖에 없는 비애 하나가 시인을 점령한 것이다. 몇 마디로써, 독자들은 시인이 그려낸 풍경 속에 빠져 오래도록 앓을 것만 같은 작품이다. 병과 싸우는, 느닷없이 잘린 육신의 줄기 환상통처럼 붙잡아 두고서 뿌리내린 밑동의 자리에 고인 슬픔이 세계 한 귀퉁이를 슬었다.

    마지막 춤,

    돌멩이를 낳고

탑을 쌓고

일찰나

모조리 베어 버린 뒤

한 生生을 벼리는,

― 「낙엽」 전문

  이소암은 시인들이 그동안 숱하게 형상화한 소재들을 두고, 자기만의 눈으로 바라보면서 해석하기를 주저하지 않는다. 그의 시는 흔히 서정시라고 말할 수 있을 법한 갈래에 포섭될 수 있을 것처럼 보이지만, 그런 단순한 형식논리에 저항하고 밀쳐내면서도 독특한 자리를 만들어내는 데 능란하다. 이는 시를 응시하면서 자아내는 데 오랜 공력과 사유를 견뎌서 다다르게 된 결과이다. 낙엽 소재와 이미지는 여러 시인들이 되풀이해서 시에 담았다. 낙엽은 죽음, 저묾, 이별, 상실, 소멸 등과 같은 분위기와 어조를 환기해왔다. 시인들이 자주 쓰는 소재들이 하나의 의미체계로 수렴될 수밖에 없었던 이유 가운데 하나는 그것이 일종의 원형 상징이나 원형 이미지로써 작용했기 때문이다. 바다나 무덤, 혹은 물이나 불 또한 마찬가지다. 위 시 「낙엽」은 지금까지 시의 훌륭한 독자들마저 그것을 떠올렸을 때 상기되는 이미지군郡과는 사뭇 다른 형상화를 보인다. 나뭇가지에 달려 있다 스르륵 떨어지는 가랑잎이 "돌멩이를 낳고,// 탑을 쌓"는다는 인식에는 어떤 시각이 놓여 있을까. 잠언이나 화두와도 같은 위 표현에서 독자는 낙엽이라는 단순한 자연현상이 인간의 사고와 상상에 어떤 균열을 가하게 되는지 염두에 둘 수밖에 없다. 떨어지는 나뭇잎은 여러 해 동안 한 곳에 매달려 있었던 나무 이파리에 불과했지만, 그러한 존재의 양태를 벗고 마침내 낙하하는 자유의 이름일 수도 있다. 그렇기에 "모조리 베어 버린 뒤// 한 생生을 버리는", 마치 호연지기의 기상마저 불러오는 낙엽의 모습에서 시인의 펜촉에 어른거리는 서늘한 눈매를 나는 상상한다. 시인은 낙엽을 유심히 바라보면서 생의 자유가 귀착되는 마지막 포즈에 골몰했을지도 모른다. 그건 낙엽이 아니라도 우리 인간이 끝내 지켜야 할 태도요 삶의 형식이다. 의연하게 소멸되는 존재의 뒷모습, 그 찬란한 소실점을 떠올려 보는 것이다.

어느 소식 있었는가

어느 밤에 오셨는가

인적 없는 산길

청매靑梅 곁 맴돌며 물을 때

나비 기다려 매화 피랴,

나뭇가지 박차며 날아가는

새의 말

—「새의 말」 전문

 시집 『나비 기다려 매화 피랴』의 표제어가 등장하는 「새의 말」이 어쩌면 이소암의 시 세계를 압축한 작품이 아닐까. 여기에는 가타부타 존재에 대한 질문이나 생의 의문조차 단칼에 잘라내는, 냉정하지만 의연한 세계가 놓여 있다. 이를 한마디로 규정짓기는 힘들다. 하지만 순정한 말의 이미지로만 아이러니한 존재의 방식을 오롯이 드러낸다. "나비 기다려 매화 피랴,// 나뭇가지 박차며 날아가는// 새의 말"은 단지 시인이 상상하며 구현한 형상은 아닐 것이다. 절로 마음속에 들어오면서 머리를 깨치는 순간이 있다. 대개 사념을 비울 때 찾아오는 '때'다. 헝클어진 심사를 점령하고 있는 갖가지 생각들을 말끔히 비우고 나면 대상이나 세계의 본질이 다가온다. 시인은 청매 둘레를 거닐며 날아가는 새를 본다. 새에게는 인간의 생각이 만들어내는 온갖 꿈이며 걱정거리가 없다. 새는 새일 뿐 다른 무엇이 될 수 없다. 허공을 가르며 날아가는 새가 남기는 것은 무엇인가. 새가 때를 기다려 비상하는지, 아니면 때조차 까마득히 잊고서는 허공을 휘저어야만 한다는 감각이 그런 날갯짓을 불러왔는지 인간은 묻고자 하지만, 새에게는 하등 중요한 문제가 될 수 없다. 사고하지 않는 미물이라서 그런 건 결코 아니다. 새에게는 머물고 떠남이 우리가 생각하는 의미와는 차원을 달리하면서 머물고 떠난다. 본능에 따른 행동이라고 믿을 수 있지만 그런 것도 아니다. 새는 시인에게 하나의 '의미'로서만 존재한다. 새가 시인에게 파문을 던지고 날아간다. 그런 새이기에 시인은 비로소 붓을 들 수 있었다. 청매와 한 마리 새, 산길에서 시인은 그 두 존재가 병렬되면서 펼치는 세계를 본다. 새가 던진 파문에서 시인은 말로 형용하기 힘든 언어의 주파수에 사로잡혔다. 그것은 미처 몸 담그지 못하고 멀리 바라만 볼 수밖에 없는 의미

이전의 세계이거나 의미 너머의 세계로 향하는 통로이다. 파르르 떨면서 새기는 이 세계의 한구석에 시인은 홀로 남아 분명 날아들어온 소식을 떠올렸을지도 모른다.

그런 소식 하나, 아니 그런 울림 하나 시인은 늘 품고 산다. 이소암에게 시는 여느 시인이 그러는 것처럼 단순한 집필활동이 아니다. 애절한 울음 한 움큼 토해내는 일에 가깝다. 그는 시를 씀으로써 생의 눈물을 훔친다. 시를 씀으로써 이 세계가 건네는 소식에 화답한다. 시를 씀으로써 존재마다, 사물마다, 모든 생명들이 가진 내력들의 고통과 아픔들에 손을 내민다. 그는 시를 씀으로써, 그리하여 통곡의 강줄기 외로이 떠내려가면서 하늘에, 빈 바다에, 먹먹히 주저앉아 노을 진 마을을 주시하는, 산허리쯤 뿌리내린 오랜 바위들에게 눈을 맞춘다. 시를 씀으로써, 시를 살아냄으로써 닿게 되는 영원의 세계가 있다면 시인은 이미, 벌써, 그 세계의 빛무리가 어떤 방향과 빛깔로 시인에게 손짓했는지 알아차렸으리라. 이것은 그 세계가 시인에게 속삭였던 귀띔이요 메시지다.

이름 모를 배 한 척

저녁노을 가득 지고 멈춰 서서

해당화인 양 흔들린다

천만번 속울음 삼키지 않고

꽃 될 리 있나

뒷짐진 망주봉 큰기침 소리,

놀란 배는 노을을 엎지르고

파도는 납작 엎디어 백사장을 붙들고
─「선유도 저녁 풍경」 전문

  군산 선유도의 저녁 풍경을 그린 시다. 이를테면 '풍경시'의 전형을 보여준다. 그런데 일반적인 풍경시와 다르다. 이 같은 선유도의 형상화는 시인의 눈에 비친 섬의 이미지뿐만 아니라, 이미지를 직조했던 선유도의 사계절을 수도 없이 보아왔을 시인의 시적 체험을 버무려서 완성된다. 정물화처럼 정적이면서 고요가 가득 고인 느낌이지만, 사실 위 시는 역동적이면서 활달한 서정의 유머를 보여준다. 여기 놀라는 세계가 있다. 잔잔한 바다에 떠 있는 배 하나가 휘청거린다. 망주봉 기침 소리에 화들짝 놀라 노을을 엎지르며 달아나려 하는 배가 있고, 모래밭을 붙들고 애걸복걸하는 거센 물결이 있다. 이런 난장을 시인은 상상했다. 이것이 선유도 저녁 풍경이다. 살아 있다는 말이다. 가만히 떠 있는 물체들이 약동하는 자리를 시인은 들여다본다. 시인이 바라보는 풍경은 비단 선유도뿐만 아닐 것이다. 선유도는 어쩌면 이 세계에 떠 있는 모든 것들의 애잔함일지도 모른다. 선유도 바닷가와 배와 산과 파도가 작심해서 놀래키는 세계의 단면을 시인은 보았다. 다시점多視點의 눈을 시인은 작동한다. 이는 통각에서 치근대는 손짓이다. 눈에 보이는 것을 사실대로 받아들이면 서늘하게 등을 치고 지나는 소식이 꽁무니를 보이며 달아나는 모습이 아른거린다. "망주봉 큰기침 소리" 하나가 세계를 헝클어놓는다. 그러니 세상은 얼마나 세심한 것인가. 소리 하나 둘레를 정렬하는 광경에 주춤하지 않은 자가 있을 것인가. 풍경이 약동하는 생명의 몸짓으로 그려내는 정물, 그 아뜩한 떨림에 나는 서 있다.

    다 잊었노라

무심히 길을 나서면

너는 다시 피어나네

꽃으로 피어나네

너를 바라보는 동안

서러움이 일렁이네

나는 달리네

너의 손잡고 거닐던

강둑을 달리네

노을은 붉게 피어오르고

그리움도 붉게 피어나는데

세월은 우리를 두고

어디로 가나

어디로

- 「어디로」 전문

  무심히 지나는 동안 달아나는 시간의 꽁무니를 보라. 그리움마저 잡아먹고선 짐짓 뒷짐지며 애인처럼 해맑은 얼굴을 들이미는 존재를 보라. 무정한 세월이라 생각하지 말자. 떠나면 다시 되비치는 하나의 세계가 시인을 골몰히 들여다본다. 시인의 눈동자 휑하다. 휑하나 형형한 눈빛이 삶의 심부를 응시한다. 그래서 스산하다. 스산한 눈밭 길을 걷는 이를 본다. 사뿐사뿐 걸을 때 뒤척이는 세월의 속삭임이 따라붙으며 시인이 긋는 길을 기억한다. 이것은 참으로 놀라운 풍경이다. 아니, 기적이다. 기적의 순간에는 너나없이 놀란 눈과 입이 더욱 확장되리라. "무심히 길을 나서면/ 너는 다시 피어나"는 세계란 어떤 곳일까. 그곳에는 시공간이 엉켜 서로를 어루만지다 지쳐 쓰러지는 자리일 공산이 크다. 어디로, 어디로 가는 세월에는 그만큼의 눅진한 달콤함이 있을진대, 한편으로 허공에서 낙하하는 가랑잎처럼 맨 처음의 자리 잊어버리고 숨지는 멋이 없지 않을 것이다. 그리운 이 벌써 나를 잊었다. 잊은 자리에 피어나는 얼굴, 그 얼굴을 긋고 지나는 시간의 모서리가 벅차다. 사각의 모퉁이에 들어섰음일까. 생각할수록 묘연한 행방이 우리들 마음에 그늘되어 서린다.

풀잎에게도 뼈가 있다

더듬으면 사라지고

돌아서면 돋아나는 뼈

그대도 모르고

천둥도 먹구름도 모르는 뼈

밤이면 이슬 털고 일어나

천장 없는 집을 짓고

별들 불러 잔치 벌이는 뼈

대문도 유리창도 없어

귀머거리 개는 더욱 짖지 않는 집

결단코 그곳에 머물러도 좋았으나

아침이면 서슴없이 풀잎에 스미는 뼈

그 뼈들을 사랑했네

풀잎을 풀잎이게 했던 뼈들을 사랑했네

그대는 무엇을 사랑했을까,

이제 묻지 않기로 하네

그대 전화번호는 공터에 두기로 하네

　　　－「나를 읽다 말고 그대를 생각하다」 전문

  풀잎에도 뼈가 있다는 생각, 일상을 보내는 여느 사람들이 여간해서는 상상조차도 미치지 못하는 말, 그 뼈가 있다는 인식이 시인을 사로잡는다. "아침이면 서슴없이 풀잎에 스미는 뼈/ 그 뼈들을 사랑했네/ 풀잎을 풀잎이게 했던 뼈들을 사랑했네/ 그대는 무엇을 사랑했을까,/ 이제 묻지 않기로 하네"라 읊조리는 화자의 입술을 그린다. 그 뼈는 "더듬으면 사라지고/ 돌아서면 돌아"나면서 "그대도 모르고/ 천둥도 먹구름도 모"른다. 그러니 그것은 일종의 존재임에는 틀림이 없지만, 시인이 생각하지 않는 자리에서만 자라는 존재여서 야속한 생각의 둥지를 들락거린다. 어쨌든 뼈가 있다. 이 뼈는 시인의 마음을 교란한다. 시인의 심사를 다람쥐 꼬리처럼 흔들다가 투명한 응답이 되어 시인 앞에 섰는 대상이다. 그때 시인은 무엇을 알아차렸을까. 그리움의 손길이 휩쓸고 지나간 공허한 자리에서 시인은 문득 아득히 먼 곳에서 전해오는 슬픈 전설 하나쯤 떠올렸을까. 이쯤에서 우리는 위 시에서 시인이 시를 쓰려는 지향점이 어디에 있는지 가늠할 수 있다. 지극한 그리움을 삭이는 일에서 언어가 만들어내는 표상에 대한 믿음이 그것이다. 말을 사랑하는 시인에게 말 자체는 시인의 존재 자체를 떠받드는 초석이요 주춧돌이다. "그대는 무엇을 사랑했을까,/ 이제 묻지 않기로 하네"가 내비치는 어조는 체념이나 포기 같은 일반적인 감정을 넘어선 곳에 놓여 있다. 감정의 결락이나 과잉을 다듬어서 순정하면서도 오롯한 문장 하나 툭 던지기까지 얼마나 숱한 감정들이 머물다 흘러갔을까. 주저함, 그리움, 동경, 소망, 울분, 슬픔, 상처 등에서 비롯하는 마음 상태는 그 자체로 시로써 정화되기에 '불순'하다. 그러니까, 시인은 복잡하고 실타래처럼 얽혀 있는 마음의 결들을 가만히 빗어 단장하는 일 또한 수행하는 존재인 셈이다. "사랑했네", "않기로 하네", "두기로 하네"의

경우처럼 '~네' 형식의 서술어가 환기하는 기능도 아울러 그 일에 동참한다. '나를 읽다 말고 그대를 생각하다'란 문장이 위 시의 제목이다. 이처럼 환한 마음의 결이 또 있을까. 이제 그대는 내가 생각하는 틈틈이 찾아올 것이지만 예전과는 달리 사로잡히지는 않겠노라는 다짐 끝에 다다른 맑고 투명한 행위가 선연하다. 그대를 생각하다 또다시 나는 나를 훑고, 나를 여미다 더러 그대를 불러오는 것이다.

 부표浮漂 위

 입적入寂한 스님처럼

 꿈쩍없는 새,

 내생來生 있다면

 아무도 모르는

 아무도 알고 싶지 않은

 바람으로나 올까

부질없다 부질없다

호수 벤치로 몰려드는 물결,

이름 모를 새와의 간극間隙을 지운다

그대까지 지운다

- 「무無」 전문

  이소암 시집에 실린 시편들은 행간 사이로 바람이 뭉텅 빠져나간 듯 허허롭다. 이런 느낌의 배후에는 시인의 시 쓰기 철학이 놓여 있다. 자전적 시론이라 할 수 있는 시집 속 산문에서 시인은 기본적인 시 쓰기를 "언어의 대장장이 혹은 도예가로서의 자세, 조사까지도 압축 범위에 두기, 미사여구 사용 자제할 것, 감정 절제할 것, 언어로 그림 그리기, 균형감 있는 연 나누기, 알맞은 제목 붙이기, 관찰력과 상상력 기르기, 퇴고의 중요성" 등으로 제시했다. 많은 시론서나 창작론이 그러하듯 누구나 머리로는 이해되지만 막상 실천하기는 상당히 어려운 창작 방법이다. 이를 시인은 거뜬히 수행한다. 여기서 필자가 주목하는 부분은 '언어의 대장장이'와 '감정 절제'이다. 쉽게 말해

말을 캐내고 다듬어서 세공하는 일과, 주관적인 감정을 최대한 억제하는 일이다. 이 두 가지 방법이 제대로 실현된다면 시는 더하고 뺄 것도 없는 언어의 배열이 된다. 여기에서 감동은 곱절이 되어 독자들을 사로잡는다.

위의 「무無」는 시인이 제시한 기본적인 시 쓰기의 모든 항목을 적용한 아름다운 결정체가 아닐까. 부표 위의 새를 보고 불교적 상상력과 함께 시적 화자의 현재 심사가 절묘하게 어우러져 한 편의 고전을 보는 듯 단아하면서도 북받쳐오르는 감정 주체할 길 없어 보인다. 훌쩍이면서 목메이는 감정보다는 갑자기 쓸려왔다 바람처럼 빠져나가는 향취에 가깝다. 그 향기는 은은하여 오래도록 남는다. 말에, 삶의 신산고초와 사려 깊어서 깊숙하게 가라앉은 시인의 마음결이 덮치고 지나갔기 때문이다. "내생來生 있다면// 아무도 모르는// 아무도 알고 싶지 않은// 바람으로나 올까"란 말, 이 말로 하여금 시는 속인의 처세와 인식 따위 멀리하고 이 세계 너머의 세계에 안착할 수가 있다. 이성이나 논리적인 셈법이 빠진 자리에 시는 있다. 숱한 그리움과 기억 속에서 유영하다 문득 정신을 차릴 때 소스라치게 온몸을 조여오는 시심詩心, 이는 시인으로 하여금 눈을 맞추어 이 세계를 통찰하게 만드는 뮤즈의 전갈이다. 예술정신이나 예술혼은 그런 눈에 보이지 않는 의지와 믿음을 수반하면서 시인과 시를 살지운다.

눈발이 온 세상을 덮어도 길을 찾아내어 바람처럼 지나가는 이가 있다. 시인은 허공에 핀 꽃처럼, 그 꽃이 하늘거리며 만들어내는 춤사위의 윤곽처럼 선연한 자취를 남기며 홀연히 등을 보이면서 길을 나설 것이다. 이소암의 시에는 그런 '고풍스러운 귀기鬼氣'를 언제든 발산하고, 단아한 입술에서 흘러내리는 모음들을 새기고, 멀리 떠난 이 다시금 불러세우는 언어의 마술들로 가득차 있다. 이것이 시인이 시를 쓰는 업이기도 한 것이다.

이소암 Lee So-am

군산대학교 대학원 국어국문학과를 졸업했다.
2000년 『자유문학』으로 등단하였고, 시집으로 『내 몸에 푸른 잎』, 『눈부시다 그 꽃!』, 『부르고 싶은 이름 있거든』이 있다.
한국작가회의, 전북작가회의 회원이며, 현재 군산대학교 평생교육원 문예창작 전담교수로 활동 중이다.
E-mail : lsa6246@hanmail.net